Robert Metcalf | Franziska Harvey

Die Mathe-Ratte

Singen – spielen – rechnen

Sauerländer

Inhaltsverzeichnis

Einleitung 4
Zum Umgang mit diesem Buch 5

Mathilde, die Mathe-Ratte Titelsong 6

Eins, zwei, Polizei Abzähllied 8

Rückwärts zählen Vor- und rückwärts zählen 10

Zwei davon Paarweise am Körper 12

Schnecken in den Ecken Im Dreieck kriechen 14

Bus Nummer 9 Fahren, hinhören, hupen 16

Federleicht, tonnenschwer Gewichte vergleichen 18

Drei weiße Tauben Fliegende Mengenlehre 20

So zähle ich 1–10 in der Muttersprache 22

Einmal um den Block Im Quadrat laufen 24

Zehn Kerzen Pusten und Subtrahieren 26

Tolles Alter Lebensjahre klatschen 28

Sieben Zwerge Rechnen am Berge 30

Mannometer, Millimeter! Kurz und lang 32

Eine Minute 60-Sekunden-Lied 34

Themen, Tipps, Anregungen 36
Alle Tracknummern der CD 44
Literatur- und Musiktipps 45
Konzert- und Fortbildungsangebote 46
Mitwirkende bei der CD 48

Frühmathematik? Lass mich singen und spielen!

Ein viel zitierter Spruch von Konfuzius lautet:

Sage es mir, und ich werde es vergessen.
Zeige es mir, und ich werde es vielleicht behalten.
Lass es mich tun, und ich werde es können.

Man könnte diese Weisheit im „mathemusischen" Sinn mit dem folgenden Satz ergänzen: „Lass mich dabei singen und spielen und ich werde auch meine Freude daran haben!" Dies jedenfalls ist der Grundsatz des Projektes „Mathilde, die Mathe-Ratte": Learning by singing and playing (wie es in der Muttersprache des Autors lauten würde!).

In Büchern zum Thema mathematische Frühförderung wird Musik meist nicht berücksichtigt oder nur mit vereinzelten Hinweisen auf rhythmische Verse am Rand erwähnt. Vielleicht liegt dies daran, dass Formen, Muster und Zahlen in erster Linie visuell wahrgenommen werden.
Bei „Mathilde" ist auch das Ohr sehr wichtig, genauer genommen: der ganze Körper und alle Sinne. Hier steht im Vordergrund das musikalische und spielerische Erfassen von mathematischen Grundbegriffen.

Durch Spiel- und Bewegungslieder bietet „Mathilde" in erster Linie einen musischen und bewegten Zugang zum Thema Frühmathematik. Vorgegeben durch Text und Musik haben die Lieder darüber hinaus etwas Atmosphärisches. So kann ein mathematischer Vorgang von den Kindern als etwas Spannendes erlebt werden – mal komisch, mal bewegend, mal geheimnisvoll.

Tipp: Die Zahl drei kann man beispielsweise nicht nur optisch erfassen: Man kann sie hören (z.B. mit drei Trommelschlägen), man kann sie fühlen (z.B. mit geschlossenen Augen drei Gegenstände in der Hand halten), man kann sie in Bewegung erleben (z.B. mit drei Schritten) oder in der Gruppe erfahren (wenn man eine Dreiergruppe bildet).

Zum Umgang mit diesem Buch

Die mitgelieferte CD enthält ein Hörspiel mit Liedern und Dialogen sowie Halbplaybacks. Alle Tracks können einzeln angesteuert werden (siehe Trackliste S. 44).

Auf der CD finden Sie:
15 Spiellieder (plus eine Reprise).
Jedes Lied greift ein Grundthema der Mathematik auf, das die Kinder durch „Singen und Springen" spielerisch erfassen können.
15 Gespräche zwischen Mathilde (der Mathe-Ratte) und Robert (dem Liedermacher), die ebenfalls wichtige Themen enthalten, und
15 Halbplaybacks der vorhergehenden Lieder.

Das Buch erläutert und ergänzt die CD mithilfe von
Noten und Liedtexten,
Spielanregungen und Tipps zu den Liedern,
ausgewählten Gesprächsthemen, die in Kurzform erläutert werden.

Hinweise für erwachsene Begleitpersonen:
Mathematische Themen stehen stichwortartig im Inhaltsverzeichnis und etwas präziser in der Spielanleitung unter dem jeweiligen Liedtext.
Gesprächspassagen können Sie einzeln anhören, wenn Sie diese mit den Kindern besprechen möchten. Sie enthalten viele Themen und Anregungen rund um das Thema Frühmathematik. Stichworte hierzu stehen in der Trackliste auf S. 44.
Playbacks können Sie unterschiedlich einsetzen – im Karaoke-Verfahren, für eigene Dichtungen oder einfach zum Tanzen.

Praktische Tipps:
Neben den Liedtiteln stehen Buttons, die auf die Tracknummer der jeweiligen Lieder hinweisen: für das vollständige Lied blaue Buttons, für das Halbplayback grüne Buttons.
Manchmal hilft die Pausen-Taste des CD-Players: So haben die Kinder Zeit, über „knifflige" Aufgaben nachzudenken.
Im Notenbild weisen die sogenannten Slash-Akkorde (z.B. A/E) auf den Basston des Akkords hin.

Mathilde, die Mathe-Ratte

Text und Musik: Robert Metcalf

Refrain
Mathilde, die nette Mathe-Ratte!
Mathilde, die fitte Mathe-Ratte!
Mathilde – sie stellt die and'ren Ratten
völlig in den Schatten,
wenn es um Mathe geht.

Mittelteil
Mathilde singt, Mathilde sortiert.
Mathilde springt, experimentiert.
Sie wiegt und misst, schätzt und fühlt,
baut und bastelt, tanzt und spielt.

Refrain
Mathilde! Ja, alle Kinder rufen:
Mathilde! Dann kommt sie angelaufen.
Mathilde – sie stellt die and'ren Ratten,
völlig in den Schatten,
wenn es um Mathe geht,
wenn es um Mathe geht.

Frage: Wie oft kommt der Name Mathilde im Lied vor?

Im Refrain singen die Kinder „Mathilde" mit, ältere Kinder den ganzen Refrain.

Wer will, der tanzt dazu – da freut sich die Mathilde bestimmt!

Frage: Im Mittelteil werden zwölf Aktivitäten erwähnt, mit denen sich Mathilde beschäftigt.
Was bedeuten sie alle?

Musik, Motorik, Mathematik

Mathe steckt in vielen alltäglichen Aktivitäten: Wer kocht, wird mit Mengen, Zutaten und Abläufen konfrontiert; beim Singen und Tanzen wird ein Gefühl für Raum und Rhythmus entwickelt. Kinder, die in solchen Aktivitäten gefördert werden, bekommen auch eine gute Grundlage für Mathematik.

Wenn Mathilde auftaucht, ist Musik, Spiel und Bewegung angesagt! Nicht nur durch Singen und Tanzen entdeckt sie die Welt – auch durch Riechen und Schmecken, durch Fühlen und Tasten. Mathilde sortiert sehr gerne Knöpfe, sammelt Blätter und bewundert deren Muster. In all diesen Tätigkeiten steckt Mathe drin!

Die Wörter „Sortieren" und „Experimentieren" sind Kindern wahrscheinlich fremd – auf die Sache selber kommen sie von allein!

Eins, zwei, Polizei

Text: überliefert/Robert Metcalf;
Musik: Robert Metcalf

Eins, zwei, Polizei.	Polizistengruß, mit Hand an der Schläfe …
Drei, vier, wildes Tier!	sich tierisch bedrohlich gebärden!
Fünf, sechs, alte Hex' (Hex', Hex', Hex')!	… als Hexe hantieren …
Sieben, acht, „Gute Nacht!"	… winken oder gähnen …

Neun, zehn,
schlafen gehn.

sich hinlegen und schlafen …
bis gerufen wird …

Wach auf, wach auf, wach auf!
Da kommt die …

… dann schnell aufstehen …

Eins, zwei,
Polizei …

… und von vorne anfangen.

Frage: Kennst du Mathildes Hexeneinmaleins?

Abzählreim: Paarweise zählen, Reim als Gedächtnisstütze

Abzählreime machen den Kindern nicht nur Spaß – sie liefern auch eine Merkhilfe für das Zahlenlernen. Kinder sollen angeregt werden, sich eigene Abzählreime auszudenken.
Mit aufgeteilten Rollen macht das Lied noch mehr Spaß.

Andere Spielmöglichkeiten sind:
Mit den jüngeren Kindern kann man das Lied auch auf ein Fingerspiel begrenzen (die Finger werden durchgezählt).
Mit den Älteren ist ein Abschreiten auf einer nummerierten Unterlage möglich (Zahlen z.B. auf den Boden geklebt).

Rückwärts zählen

Text und Musik: Robert Metcalf

A-Teil: Eins, zwei, drei, vier, fünf, sechs, sieben, acht, neun, zehn.
Vorne geht's los und schon ist's geschehn!

Zwischenspiel

B-Teil: Zählen bis zehn kann jeder, ist nicht der Hit. Zählen wir also rückwärts. Wer singt mit?

C-Teil: Zehn, neun, acht, sieben, sechs, fünf, vier, drei, zwei, eins.
Zehn, neun, acht, sieben, sechs, fünf, vier, drei, zwei, eins.

D-Teil: Eins, zwei, drei, vier, fünf, sechs, sieben, acht, neun, zehn.
Zehn, neun, acht, sieben, sechs, fünf, vier, drei, zwei, eins.

A-Teil
Eins, zwei, drei, vier, fünf, sechs,
sieben, acht, neun, zehn.
Vorne geht's los –
und schon ist's gescheh'n!
(wiederholen)

Mit Zahlenbildern ausgestattet laufen
die Kinder hintereinander durch den
Raum, die Eins vorneweg!

B-Teil
Zählen bis zehn kann jeder,
ist nicht der Hit.
Zählen wir also rückwärts.
Wer singt mit?

Sie halten an, machen „abfällige"
Handbewegungen, drehen sich um,
sodass die Zehn vorne steht.

C-Teil
Zehn, neun, acht, sieben, sechs,
fünf, vier, drei, zwei, eins. *(dreimal –
dann langsamer:)*
Zehn, neun, acht, sieben, sechs,
fünf, vier, drei, zwei …

Die Kinder laufen jetzt
in die andere
Richtung zurück …

D-Teil
Eins, zwei, drei, vier, fünf, sechs,
sieben, acht, neun, zehn.
Zehn, neun, acht, sieben, sechs,
fünf, vier, drei, zwei, eins.
(wiederholen)

müssen aber jetzt umdrehen …

und wieder Richtungswechsel!

Orientierung und Richtung: sich im Zahlenraum zurechtfinden

Zahlenfolgen singen – auch rückwärts. Hier können Kinder erfahren, dass Zahlen und Zählen sich nicht nur auf eine Richtung (1 bis 10) beschränken. Auch im Alltag können Zahlen „vor"- und „rückwärts" erscheinen – man denke an Hausnummern oder angezeigte Stockwerke in einem Fahrstuhl.

Kinder können dieses Lied auch im Sitzen singen und – wenn sie den etwas schnelleren Gesang beherrschen – dazu mit den Fingern zählen. Ältere Kinder mögen die bewegte Variante ausprobieren: der Reihe nach aufstehen (vorwärts zählen) und hinsetzen (rückwärts zählen). Diese Version muss aber gut inszeniert und geprobt werden!

Zwei davon

Text und Musik: Robert Metcalf

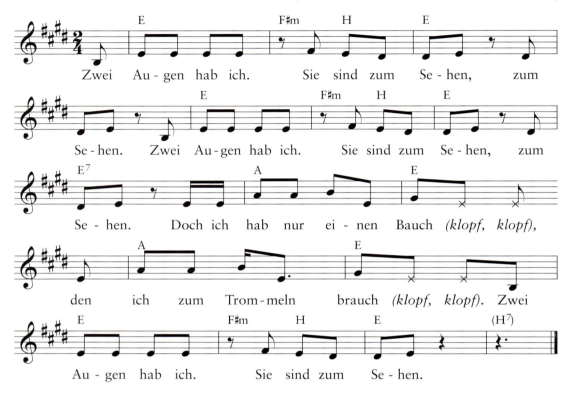

1. Zwei Augen hab ich.
   Sie sind zum Sehen, zum Sehen.
   Zwei Augen hab ich.
   Sie sind zum Sehen, zum Sehen.
   Doch ich habe nur einen Bauch
   (klopf, klopf),
   den ich zum Trommeln brauch
   (klopf, klopf).
   Zwei Augen hab ich.
   Sie sind zum Sehen.

   Mit Fingerbrille andeuten.

   Abwechselnd mit den Händen
   auf den Bauch trommeln.

   Mit Fingerbrille andeuten.

2. Zwei Ohren hab ich.   Hände an die Ohren halten
   Sie sind zum Hören, zum Hören.   und horchen.
   Zwei Ohren hab ich.
   Sie sind zum Hören, zum Hören.
   Doch ich habe nur einen Bauch   Auf Bauch trommeln.
   (klopf, klopf),
   den ich zum Trommeln brauch
   (klopf, klopf).
   Zwei Ohren hab ich.   Hände an die Ohren halten.
   Sie sind zum Hören.

3. Zwei Schultern hab ich.   Weitere Bewegungen entsprechend.
   Sie sind zum Zucken, zum Zucken …

4. Zwei Beine hab ich.
   Sie sind zum Gehen, zum Gehen …

Frage: Was kann ich sonst für Bewegungen mit meinen „Körperpaaren" machen?

Mathe und Musik am eigenen Körper entdecken

Das Lied bringt die Zahl Zwei in Bewegung, macht sie am eigenen Körper sichtbar und (durch das Klopfen) hörbar. Es vermittelt ebenfalls ein Gefühl für links und rechts sowie für die Symmetrie des Körpers.

Und wovon habe ich noch ein Paar am Körper? Mit anderen Beispielen kann das Lied erweitert werden (Daumen, Hüften, Füße usw.). Und was außer meinem Bauch ist nur einmal vertreten? Kinder können den Unterschied zwischen den Zahlen eins und zwei an sich selbst entdecken und die Zwei als Klopf-Rhythmus erfassen.

Schnecken in den Ecken

Text und Musik: Robert Metcalf

1. In der ersten Ecke
   wohnt die erste Schnecke.
   In der zweiten Ecke
   wohnt die zweite Schnecke.
   In der dritten Ecke
   wohnt die dritte Schnecke.
   Und ab und zu winken sie sich zu.

2. Da winkt die erste Schnecke
   zu der zweiten Schnecke
   und die zweite Schnecke
   zu der dritten Schnecke.
   Da winkt die dritte Schnecke
   zu der ersten Schnecke.
   Und ab und zu denken sie: Nanu!

Ein Dreieck wird auf dem Boden gezeichnet oder mit Klebeband dargestellt.

In jeder Ecke kniet ein Kind.

Die Schnecken winken sich zu.

Aha-Erlebnis: Zeigefinger hochhalten.

3. Dann kriecht die erste Schnecke
in die zweite Ecke
und die zweite Schnecke
in die dritte Ecke.
Da kriecht die dritte Schnecke
in die erste Ecke.
Und immerzu denken alle: Puh!

Die Schnecken kriechen im Uhrzeigersinn in die jeweils nächste Ecke.

Schweiß von der Stirn wischen!

4. Dann kriecht die erste Schnecke
zurück in ihre Ecke
und die zweite Schnecke
zurück in ihre Ecke.
Da kriecht die dritte Schnecke
zurück in ihre Ecke.
Na ja und nu gibt es endlich Ruh!

Die Schnecken kehren um, kriechen nach Hause ...

... und ruhen sich aus.

Geometrische Formen, Ordnungszahlen, Richtungen

Wenn Kinder geometrische Formen „begehen", bekommen sie nicht nur kognitiv, sondern auch auf der motorischen Ebene einen Bezug zu den Formen. Das langsame Tempo des Liedes ermöglicht den Kindern, diese Erfahrung „in aller Ruhe" zu vollziehen.

Es kann hilfreich sein, die Ecken zu nummerieren – alternativ können die Ecken mit Farben gekennzeichnet werden. Dann heißt es z.B. „in der grünen Ecke wohnt die erste Schnecke" – und für eigene Versionen lässt sich das Halbplayback gut einsetzen.

Interessante Möglichkeiten entstehen, wenn das Dreieck mit einem an den Ecken festgehaltenen Gummiband dargestellt wird – an jeder Ecke ein Kind. Dadurch lässt sich die Form des Dreiecks ändern. Wenn weitere Kinder hinzukommen, können sie zusätzliche geometrische Formen kreieren.

Bus Nummer 9

Text und Musik: Robert Metcalf

1. Bus Nummer 9, Bus Nummer 9
fährt nach Krumme Lanke.
Bus Nummer 9, Bus Nummer 9,
vorne steht 'ne Schranke.
Vorne steht 'ne Schranke.
Hup dreimal,
und auf geht die Schranke!
(Tut! Tut! Tut!)
Dreimal gehupt! Danke!

Der Bus (hintereinanderlaufende Kinder) fährt durch den Raum.
Wenn die Schranke kommt, muss er langsamer fahren und hält dann an.

Bevor die Schranke aufgeht, muss der Fahrer (mit Daumen und Hupgeräusch) „richtig" hupen.

Die Schranke wird von zwei Kindern mit ausgestreckten Armen dargestellt. Sie stehen sich gegenüber und heben die Arme, wenn richtig gehupt wird.

2. Bus Nummer 9, Bus Nummer 9 fährt nach Krumme Lanke.
   Bus Nummer 9, Bus Nummer 9, vorne steht 'ne Schranke.
   Vorne steht 'ne Schranke.
   Hup viermal und auf geht die Schranke!
   (Tut! Tut! Tut! Tut!) Viermal gehupt! Danke!

3. Bus Nummer 9, Bus Nummer 9 fährt nach Krumme Lanke.
   Bus Nummer 9, Bus Nummer 9, vorne steht 'ne Schranke.
   Vorne steht 'ne Schranke.
   Hup fünfmal und auf geht die Schranke!
   (Tut! Tut! Tut! Tut! Tut!) Fünfmal gehupt! Danke!

Nummern als Erkennungszeichen

Kinder können in diesem Spiel mitbekommen, dass eine Busnummer eine bestimmte Bedeutung hat, nämlich, dass sie auf das Fahrziel und die Strecke hinweist (und nicht etwa auf die Zahl der Fahrgäste). Eine Erkennungsfunktion hat auch eine Telefonnummer.

Für dieses „mobile" Lernspiel braucht man mindestens eine(n) Busfahrer(in) und zwei Kinder, die mit ausgestreckten Armen (gegenüber stehend, an den Händen gefasst) die Schranke darstellen. Während des Lieds fährt der Bus bis zur Schranke, wo er dann anhält.

Vor jeder Runde wird bestimmt, wie oft der Busfahrer hupen muss. Wenn richtig gehupt wurde, geht die Schranke auf, indem die beiden Kinder die Arme nach oben strecken: Der Bus wird durchgelassen.
Ältere Kinder möchten vielleicht wissen, was der komische Name „Krumme Lanke" auf sich hat. Das ist ein See in Berlin, mitten im Wald.

Federleicht, tonnenschwer

Text und Musik: Robert Metcalf

Leichter Teil

Mann, ist das leicht, leicht wie 'ne Fe-der!

Ja, fe-der-leicht, tra-gen kann's je-der!

Und da-bei auch lau-fen, hüp-fen und sprin-gen.

Und es oh-ne Mü-he gleich zum Nach-barn brin-gen.

Schwerer Teil

A-ber schaut mal her: Das ist schwer!

Schafft nur ein Bär! Wiegt viel mehr! Ja, schaut mal her:

Das ist schwer! Schafft nur ein Bär! Wiegt viel mehr!

Schluss

Fe-der-leicht! Ton-nen-schwer!

Leichter Teil
Mann ist das leicht,
leicht wie 'ne Feder!
Ja, federleicht,
tragen kann's jeder!
Und dabei auch laufen,
hüpfen und springen.
Und es ohne Mühe
gleich zum Nachbarn bringen.

Ein oder mehrere Kinder hüpfen mit einem leichten Gegenstand durch den Raum und übergeben ihn einem anderen Kind.

Schwerer Teil
Aber schaut mal her: Das ist schwer!
Schafft nur ein Bär! Wiegt viel mehr!
Ja, schaut mal her: Das ist schwer!
Schafft nur ein Bär! Wiegt viel mehr!

Ein schwerer Gegenstand wird mit schweren Schritten durch den Raum geschleppt.

Leichter Teil

Schwerer Teil

Bei der Wiederholung der zwei Liedteile wird mit anderen leichten bzw. schweren Gegenständen gespielt.

Schluss
Federleicht!
Tonnenschwer!

Finger in der Luft spreizen.
Zusammengesackte Körperhaltung.

Gewichte schätzen und vergleichen

Das Lied soll Kinder ermutigen, selber Gegenstände zu sammeln und durch das Tragen die Gewichtsunterschiede zu erfahren, zu vergleichen und mit Begriffen wie leicht und schwer einzuordnen.

Im ersten Teil des Liedes tragen Kinder leichte Gegenstände (Feder, Papier, Blatt usw.) durch den Raum; entsprechend „leicht" ist die Musik, die Bewegungen sind flott (laufen, hüpfen, springen). Im zweiten Teil ist alles viel „schwerer" – die Gegenstände (Stuhl, Tisch, großer Stein usw.) sowie die Musik und die möglichen Bewegungen (langsam und schleppend).

Auch in freiem Tanz – ohne Gegenstände – können die Kinder „Leichtigkeit" und „Schwerfälligkeit" kreativ zum Ausdruck bringen.

Drei weiße Tauben

Text und Musik: überliefert

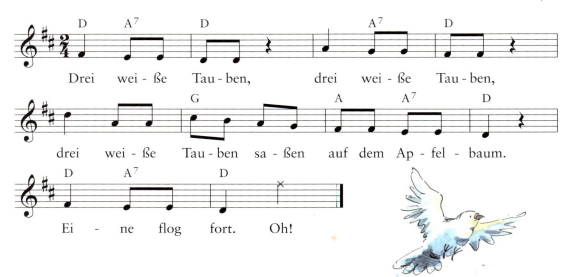

Drei wei-ße Tau-ben, drei wei-ße Tau-ben,
drei wei-ße Tau-ben sa-ßen auf dem Ap-fel-baum.
Ei - ne flog fort. Oh!

1. Drei weiße Tauben,
   drei weiße Tauben,
   drei weiße Tauben
   saßen auf dem Apfelbaum.
   Eine flog fort. Oh!

2. Zwei weiße Tauben,
   zwei weiße Tauben,
   zwei weiße Tauben
   saßen auf dem Apfelbaum.
   Eine flog fort. Oh!

3. Eine weiße Taube,
   eine weiße Taube,
   eine weiße Taube
   saß auf dem Apfelbaum.
   Eine flog fort. Oh!

In Vierergruppen stellen Kinder drei Tauben und den Baum dar.

Wenn eine Taube wegfliegt, sind alle traurig: „Oh!"

Nun fliegt von den übrigen zwei Tauben noch eine fort: „Oh!"

Jetzt ist eine Taube allein auf dem Baum, aber auch sie fliegt fort.

4. Keine weiße Taube,
   keine weiße Taube,
   keine weiße Taube
   saß auf dem Apfelbaum.
   Eine kam wieder. Ah!

5. Eine weiße Taube,
   eine weiße Taube,
   eine weiße Taube
   saß auf dem Apfelbaum.
   Eine kam wieder. Ah!

6. Zwei weiße Tauben,
   zwei weiße Tauben,
   zwei weiße Tauben
   saßen auf dem Apfelbaum.
   Eine kam wieder. Ah!

7. Drei weiße Tauben,
   drei weiße Tauben,
   drei weiße Tauben
   saßen auf dem Apfelbaum. Ah!

Damit ist der Baum ganz allein.

Doch die erste Taube kommt wieder und setzt sich auf den Baum: „Ah!"

Und bald darauf kommt die zweite Taube zurück ...

... und die dritte ...

... sodass jetzt alle wieder auf dem Baum sitzen.

Subtraktion, Addition, Mengen

Das Lied macht sichtbar, dass Zahlen mit Mengen zu tun haben. Das Fort- und Zurückfliegen (mit einer übersichtlichen Geschichte) lässt die Kinder einen mathematischen Prozess auf „bewegende Weise" erleben.

Der Baum wird von einem Kind mit ausgesteckten Armen gespielt, die Tauben werden von drei Kindern dargestellt, die sich an die „Äste" hängen. Die Tauben-Kinder sollten im Vorfeld wissen, in welcher Reihenfolge sie fort- und zurück-fliegen und *wohin* sie fliegen (vielleicht versammeln sich alle auf einem Dach). Schön ist es auch, wenn alle Kinder verkleidet sind. So kommt weit mehr als reine Addition und Subtraktion heraus!

So zähle ich

Text und Musik: Robert Metcalf

Wie zählst du? *(Klatsch!)* Wie zählst du? *(Klatsch!)* Wie zählst du von

eins bis zehn? So zäh-le ich! *(Klatsch!)* So zäh-le ich! *(Klatsch!)*

So zäh-le ich von eins bis zehn: 1, 2, 3, *(Klatsch!)*

4, 5, 6, *(Klatsch!)* 7, 8, 9, *(Klatsch!)* 10!

Applaus!

Gruppenteil
Wie zählst du? *(Klatsch!)*
Wie zählst du? *(Klatsch!)*
Wie zählst du von eins bis zehn?

Soloteil:
So zähle ich! *(Klatsch!)*
So zähle ich! *(Klatsch!)*
So zähle ich von eins bis zehn:
1, 2, 3, *(Klatsch!)*
4, 5, 6, *(Klatsch!)*
7, 8, 9, *(Klatsch!)* 10!

Die Frage wird an das erste Kind gerichtet.

Das Kind antwortet …

… und zählt dann in seiner Muttersprache.

Gruppe: „Noch mal!"
Das erste Kind wiederholt:
1, 2, 3, *(Klatsch!)*
4, 5, 6, *(Klatsch!)*
7, 8, 9, *(Klatsch!)* 10!

*Es wird applaudiert,
dann beginnt das Lied
von vorne mit dem nächsten Kind.*

Nach Ermunterung wiederholt das Kind die Zahlen.

Die ganze Gruppe klatscht an allen Stellen.

Zählen in der Muttersprache

Die aufsteigende Melodie des Liedes lässt spüren, wie die Zahlen in diesem Fall „steigen" – die musikalischen und mathematischen Gesetze gelten in jeder Sprache.

In diesem rhythmischen Zähllied hat jedes Kind die Möglichkeit, in seiner Muttersprache sein zählerisches Können unter Beweis zu stellen und wird dabei von den anderen Kindern dazu angefeuert (mit „Noch mal!" und Beifallklatschen).

Das Zählen ist eine tief mit der Muttersprache verbundene Fähigkeit – und funktioniert in allen Sprachen nach dem gleichen Prinzip!

Zehn Kerzen

Text und Musik: Robert Metcalf

1. Zehn Kerzen leuchten.
   Und der Opa macht:
   Whh! Whh!
   Da leuchten nur noch acht.

2. Acht Kerzen leuchten.
   Heimlich kommt die Hex':
   Whh! Whh!
   Da leuchten nur noch sechs!

3. Sechs Kerzen leuchten.
   Vorsicht, wildes Tier!
   Whh! Whh!
   Da leuchten nur noch vier!

Erstes Kind („Opa") pustet zwei Kerzen aus – möglichst im Rhythmus der Musik.

In den darauf folgenden Strophen kommen entsprechend Hexe, wildes Tier usw. an die Reihe.

Das lange Zwischenspiel zwischen den Strophen erlaubt es den Kindern zu prüfen, wie viele Kerzen noch stehen, bzw. wie viele bereits ausgepustet wurden.

4. Vier Kerzen leuchten.
   Was macht der Papagei?
   Whh! Whh!
   Da leuchten nur noch zwei!

5. Zwei Kerzen leuchten.
   Kommt ein großer Bär:
   Whh! Whh!
   Da leuchtet keine mehr!

   Da leuchtet keine mehr!

Subtrahieren in Zweier-Schritten

Durch die besondere Stimmung des Lieds, das sich bei Kerzenschein vollzieht, sehen die Kinder die sonst trockene mathematische Aufgabe in einem „anderen Licht"!

Zehn Kerzen (oder ersatzweise Teelichter) werden in einer Reihe aufgestellt und angezündet. In jeder Strophe werden zwei Kerzen ausgepustet. Unter den Kindern werden fünf Rollen verteilt: Opa, Hexe, wildes Tier, Papagei und Bär pusten nacheinander die Kerzen paarweise aus. Hier sind Rollenspiel und Pantomime angesagt.
Alternativ zu realen Kerzen können Kinder selber die Kerzen darstellen, indem sie stehend (ggf. kostümiert) mit gefalteten Händen die Arme hoch über dem Kopf halten, um die Flammen anzudeuten. Wer „ausgepustet" wird, lässt die Arme fallen oder setzt sich hin.
Für diese Version werden 15 Akteure benötigt!

Auch aus logopädischer Sicht ist das gezielte Pusten sinnvoll: Es schult die Mundmotorik und fördert die Konzentrationsfähigkeit!

Tolles Alter

Text und Musik: Robert Metcalf

1. *Alle:* Wie alt bist du?
   Wie alt bist du? Wie alt bist du jetzt?
   Kind: Drei! *Alle:* Drei! Boh!
   Erst warst du eins. (Klatsch!)
   Dann warst du zwei. (Klatsch! Klatsch!)
   Jetzt bist du drei.
   (Klatsch! Klatsch! Klatsch!)
   Drei ist ein tolles Alter!
   Und du, du, du, du,
   du bist drei Jahre alt!

Alle Kinder sitzen im Kreis
(evtl. sitzt das jeweilige Kind in der Kreismitte).
Mit Fingern die Lebensjahre anzeigen. Die Gruppe klatscht die Anzahl der Jahre.

Mit zum Kind ausgestreckten Zeigefingern oder Händen die „du's" rhythmisch unterstreichen.

2. *Alle:* Wie alt bist du?
   Wie alt bist du? Wie alt bist du jetzt?
   Kind: Vier! *Alle:* Vier! Boh!
   Erst warst du eins. *(Klatsch!)*
   Dann warst du zwei. *(Klatsch! Klatsch!)*
   Dann warst du drei.
   (Klatsch! Klatsch! Klatsch!)
   Jetzt bist du vier.
   (Klatsch! Klatsch! Klatsch! Klatsch!)
   Vier ist ein tolles Alter!
   Und du, du, du, du, du bist vier Jahre alt!

3. *Alle:* Wie alt bist du?
   Wie alt bist du? Wie alt bist du jetzt?
   Kind: Fünf! *Alle:* Fünf! Boh!
   Erst warst du eins. *(Klatsch!)*
   Dann warst du zwei. *(Klatsch! Klatsch!)*
   Dann warst du drei.
   (Klatsch! Klatsch! Klatsch!)
   Dann warst du vier.
   (Klatsch! Klatsch! Klatsch! Klatsch!)
   Jetzt bist du fünf.
   (Klatsch! Klatsch! Klatsch! Klatsch! Klatsch!)
   Fünf ist ein tolles Alter!
   Und du, du, du, du, du bist fünf Jahre alt!

Zwischen den Strophen wird das nächste Kind von der Gruppenleitung oder vom vorhergehenden Kind bestimmt.

Lebensjahre, das Älterwerden

Hier wird jedes Kind (und Kindesalter) gefeiert – so erleben die Kinder, dass Mathematik auch einen persönlichen Bezug zu ihrem eigenen Leben hat.
Das Lied soll akustisch (durch Klatschen) und optisch (durch die hochgehaltenen Finger) das eigene Alter, das Alter der anderen Kinder und die Zunahme der Lebensjahre erfahrbar machen.
Dieses Lied ist nicht nur als Geburtstagslied einsetzbar, sondern zu jedem Anlass und mit mehreren Kindern. Dadurch können Altersunterschiede in der Gruppe sicht- und hörbar gemacht werden.

Sieben Zwerge

Text und Musik: Robert Metcalf

1. Sieben Zwerge
   stehn vor einem Berge,
   müssen drum rum gehen,
   's gibt kein Zurück.
   Sechs gehen links rum,
   einer geht rechts rum.
   Tschüss, liebe Zwerge! Viel Glück!

Sieben Kinder schreiten während der Einleitung/des Zwischenspiels Richtung „Berge" und bleiben dort stehen.

Refrain
Auf der andren Seite
gibt's ein großes Wiedersehn.
Die Sieben Zwerge
können weitergehn!

In zwei Gruppen gehen sie links- oder rechtsherum um den Berg.

2. … Fünf gehen links rum,
zwei gehen rechts rum …

Beim Wiedersehen gibt es große Freude.

Refrain

3. … Vier gehen links rum,
drei gehen rechts rum …

In weiteren Runden teilt sich die Gruppe unterschiedlich auf.

Refrain

Zahlen zerlegen

Die Aufteilung einer Gruppe wird hier für die Kinder spielerisch vollzogen.

Im Raum wird ein Berg dargestellt und Siebener-Gruppen gebildet. Die Zwerge können mit Zipfelmützen und Rücksäcken ausgestattet werden. Der ganze Raum kann für die „Wanderung" genützt werden. Beim Gebrauch des CD-Players kann ggf. die Pausentaste betätigt werden, damit die Kinder Zeit haben, sich aufzuteilen und wieder zueinanderzufinden.

Mit dem Einsatz des Halbplaybacks können die Kinder entscheiden, wie sie sich aufteilen.

Mannometer, Millimeter

Text und Musik: Robert Metcalf

Refrain
Man-no-me-ter, Mil-li-me-ter! Zen-ti-me-ter! Schau!
Und dann Me-ter! Ki-lo-me-ter! Man-no-me-ter! Wow!

Strophe
1. Ein Mil-li-me-ter, der ist klein! Passt nicht mal ein Streich-holz rein. Dünn wie ein Spin-nen-bein! Mil-li-me-ter sind doch fein!
2. Ein Zen-ti-me-ter, der ist kaum brei-ter als ein Kin-der-Daum'n oder wie ein Fin-ger-hut. Zen-ti-me-ter find ich gut!

Zwischenspiel
Ba-ba-ba-ba …

Refrain
Mannometer, Millimeter! Zentimeter! Schau!
Und dann Meter! Kilometer! Mannometer! Wow!

1. Ein Millimeter, der ist klein,
passt vielleicht ein Streichholz rein.
Dünn wie ein Spinnenbein!
Millimeter sind doch fein!

Die Kinder zeigen die Größenordnung mit Daumen und Zeigefinger.

2. Ein Zentimeter, der ist kaum
breiter als ein Kinder-Daum'n
oder wie ein Fingerhut.
Zentimeter find ich gut!

Refrain

3. Ein Meter ist ein Menschen-Schritt.
Und wer will, kommt einfach mit:
Ja, wenn ich schön spazieren geh,
sing ich: „Meter – ist okay,
ist okay, ist okay!"

Zwischenspiel
Ba-ba-ba-ba …

4. Ein Kilometer, lass mich sehen:
Wir müssen noch ein bisschen gehen!
Ja, das zieht sich ganz schön hin!
Kilometer macht auch Sinn!
Macht auch Sinn! Macht auch Sinn!
Aber zieht sich hin!

Refrain

Zwischenspiel
Ba-ba-ba-ba …

… auch hier

Die Kinder stehen auf und laufen mit großen Schritten durch den Raum; ab hier wird bis zum Schluss durch den Raum gelaufen.

Messen

Begriffe wie „kurz – länger – sehr lang" (die Kinder mit Fingern, Händen und Füßen zeigen) können auch objektiv gemessen werden. Das Lied stellt diesen Zusammenhang her, hat aber nicht den Anspruch, eine Anleitung für tatsächliche Messungen zu sein.

Vielmehr soll das Lied Kinder ermutigen, sich mit Zollstock, Lineal oder Metermaß vertraut zu machen, diese in die Hand zu nehmen, in verschiedene Formen zu biegen und Vergleiche anzustellen. Es kommt hier darauf an, Spaß am Messen zu empfinden und Neugier für unterschiedliche Längen zu wecken.

Eine Minute

Text und Musik: Robert Metcalf

1. Nur eine Minute …

2. Nur sechzig Sekunden …

Schluss
Schon vorbei!

Die Kinder können alternativ:

– ruhig sitzen und das Lied auf sich wirken lassen
– die Zeit mit einer Stoppuhr messen oder die Sekundenanzeige der Uhr beobachten
– im „Sekunden"-Schritt dazu durch den Raum laufen

Frage: Und? War es kurz oder lang?

Zeit spüren

Ein Beitrag zum Empfinden und Schätzen einer Zeitlänge.

In diesem Lied ist der Liedtext auf das Minimum reduziert, um den Kindern eine Gelegenheit zu geben, ungestört den Zeitraum von 60 Sekunden zu fühlen. Es soll so eine vorsichtige Einführung in die Welt der Zeiteinteilung bieten. Wie erlebe ich diesen Zeitraum: kurz oder lang? Was kann man sonst in einer Minute machen? Schuhe anziehen? Die Hände waschen? Eine Tasse aus der Küche holen? Verschiedene Aktionen können mit den Kindern ausprobiert werden.

Das Metronom kann auf 60 gestellt werden und tickt dann im Sekundentakt.

Frage: Zu welchem Lied gehören diese Figuren?
Wer fehlt auf dem Bild?

THEMEN, TIPPS, ANREGUNGEN

Die CD, die zu diesem Buch gehört, besteht zum einen aus Liedern, zum anderen aber aus Gesprächen mit Mathilde. Darin werden auch wichtige Themenbereiche und mathematische Grunderfahrungen angesprochen. Erwachsene können Kinder fördern, indem sie die Kinder für diese Themen sensibilisieren und sie an diesen Grunderfahrungen (die oft in alltäglichen Situationen entstehen) teilhaben lassen. Im Folgenden sind einige „mathemusische" Themen in Kurzform dargestellt und sollen als Anregungen verstanden werden. Wer die jeweiligen Dialoge anhören will, kann diese einzeln auf der CD ansteuern (siehe Hinweise links).

Sortieren und **Klassifizieren** sind elementare mathematische Tätigkeiten. Mathilde sortiert nach Farben, aber man kann Dinge auch nach Größe oder Form sortieren.

Sortieren

Tipp: Klänge kann man auch sortieren (z.B. in Fell-, Metall-, Holz- und Rasselklänge). Lassen Sie die Kinder hinhorchen und sortieren!

Schlaginstrumente

Blasinstrumente

Tagesablauf

 CD 4

Die zeitliche **Einteilung des Tages** ist eine wichtige Grunderfahrung in der Frühmathematik. Hier geht es nicht um das Lesen der Uhr, sondern um Fragen wie: Wann ist es früh oder spät, wann Vor- oder Nachmittag? Wann klingelt der Wecker? Wann ist Schlafenszeit? Wann geht das Kind in den Kindergarten, in die Schule? Wann wird abgeholt?

Tipp: Lassen Sie die Kinder von Zuhause Wecker mitbringen. Vergleichen Sie das Ticken, lassen Sie die Kinder horchen und damit spielen – vor allem mit Bezug auf den Klingelton (am besten einen Wecker mit Dreistufen-Dringlichkeit vorstellen, bei dem es immer schneller klingelt!). Reden Sie über den Zweck eines Weckers, ob man von allein wach wird, ob es Tage gibt, die ohne Wecker beginnen, usw.

Rhythmus/ Klang

CD 6

Durch **Rhythmusspiele**, Klatschverse und Lieder mit wiederkehrenden Bewegungen können Kindern rhythmische Erfahrungen machen und ein Gefühl für musikalische Formen und Strukturen entwickeln. Sie können auch **Klangkörper** im Raum und am eigenen Korper entdecken (und natürlich auch bei Musikinstrumenten). Bei Klang-Entdeckungsreisen hört man mit den Kindern hin: Klingt das tief oder hoch, hell oder dunkel? Hat das etwas mit der Größe und Beschaffenheit des Klangkörpers zu tun?

Tipp: Töne auf einem Glockenspiel oder Metallophon spielen, von unten (tiefe Töne/lange Klangstäbe) bis oben (hohe Töne/kurze Klangstäbe) und umgekehrt. Hinhören und -schauen!

Muster sind ein zentrales Thema in der in der Mathematik: Überall gibt es Muster zu entdecken, nicht nur in Zebrastreifen, in einem Schal oder in der Tapete, sondern auch in der Natur (vom Spinnennetz bis zu Blattanordnungen) und in der Musik (von Rhythmen bis Liedformen). Mit Farben, Formen und Gegenständen können Kinder eigene Muster bilden.

Muster

Schal klatschen:

Tipp: Schauen Sie mit den Kindern die Anordnung der schwarzen und weißen Tasten auf einem Klavier oder Keyboard an und machen Sie das sichtbare Muster hörbar!

Mit **Rätselspielen** und Knobelaufgaben kann man die Wahrnehmung und das logische Denken der Kinder fördern. Hierzu gehören Spiele wie: Ich sehe was, was du nicht siehst („… und das ist rund, eckig, hat drei Seiten", usw.) oder: „Was fühlst du in der Socke/Stofftüte?" (bei dem runde, eckige oder spitze Gegenstände oder geometrische Formen gefühlt und erraten werden). Weitere Beispiele sind: „Was ist aus der Reihe?" oder „Was fehlt?", bei denen falsche oder fehlende Teile eines Musters erraten werden müssen.

Rätsel

Tipp: In einer musikalischen Version von „Was fehlt?" werden den Kindern bekannte Lieder vorgespielt und dabei eine Lücke gelassen. Die Kinder sollen die ausgelassene Passage erraten, z.B. „Mein Hut, der hat … Ecken".

Schätzen

CD 12

Beim subjektiven **Schätzen** und **Vergleichen** von Gewichten machen Kinder wichtige persönliche Erfahrungen: Wenn sie Gegenstände in der Hand halten, können sie an Begriffe wie „leicht, schwer, leichter/schwerer als …" herangeführt werden. Wenn man eine Waage mit Waagschalen einsetzt, kann objektiv verglichen werden – und zum Wiegen dann beispielsweise eine Küchenwaage.

Tipp: Füllen Sie verschließbare Behälter (z.B. Kaffee- oder Filmdosen) mit unterschiedlichen Mengen von Steinchen, Sand, Erbsen, Reis o.ä. und lassen Sie die Kinder diese nach geschätztem Gewicht anordnen. Die Dosen dann als Perkussion-Instrumente spielen, die je nach Gewicht und Beschaffenheit des Materials unterschiedlich klingen.

Formen

CD 14

Kinder können **Formen** und **Figuren** nicht nur mit einem Stift zeichnen, sondern auch mit den eigenen Körpern bilden, entweder jedes Kind für sich (z.B. mit den Armen vor dem Körper einen Kreis oder ein Dreieck bilden) oder mit anderen zusammen (z.B. im Quadrat auf dem Boden liegen oder sich im Kreis hinstellen).
So wird Geometrie zu einem körperlichen Erlebnis.

Tipp: Die Kinder sitzen hintereinander im Kreis, sodass sie auf dem Rücken des Vordermanns mit den Fingern zeichnen können. Mit geschlossenen Augen werden Formen oder Zahlen gezeichnet, die dann stillschweigend weiter gegeben werden. Ein mathemusisches Wahrnehmungsspiel!

Unser Gehirn hat eine Vorliebe für wiedererkennbare Strukturen – und in der Musik bietet die **Taktart** so eine Struktur. Die meisten westlichen Volkslieder und Popsongs sind im Viervierteltakt geschrieben, es gibt aber auch bekannte und weniger bekannte Lieder mit anderen Taktarten (z.B. mit einem „Dreier"-Gefühl wie bei Walzern und Schunkelliedern), die man den Kindern nicht vorenthalten sollte.*

Taktart

Tipp: Singen Sie mit den Kindern auch Lieder, die im Dreivierteltakt (z.B. „Kuckuck, Kuckuck, ruft's aus dem Wald" oder „Es war eine Mutter, die hatte vier Kinder") geschrieben sind; oder im Sechsachteltakt (wie „Mein Hut, der hat drei Ecken", „Laurentia"). Bevor Sie anfangen zu singen, zählen Sie ein (aber Vorsicht mit Auftakten!).

Wenn Mathilde einen Bedarf an **frischer Luft** hat, dann unterscheidet sie sich nicht von Menschenkindern. Mathematik wird zwar oft in Innenräumen praktiziert, kann aber durchaus im Freien stattfinden, z.B. auf dem Spielplatz: Auf einer Wippe können Körpergewichte verglichen, im Sandkasten kreativ gebaut werden. Mit großen und kleinen Schritten kann auch der Weg zum Gartentor oder um das Haus gemessen werden – und draußen warten auch die Muster der Natur nur darauf, entdeckt zu werden!

Frische Luft

Tipp: Viele Lieder aus diesem Buch können auch draußen gespielt werden!

---

* Das vom Autor veröffentlichte Buch „Zahlen, bitte" (mit CD) enthält neue Lieder mit ganz verschiedenen Taktarten.

Nummern

CD 20

Ob **Haus-**, **Telefon-** oder **Busnummern**, wir sind umgeben von Zahlen, die auch für Kinder interessant und wichtig sein können. Machen Sie Kinder bekannt mit Zahlen aus ihrer Umgebung: Straße, Stockwerk, Buslinie, Telefonnummer o.ä.

Tipp: Anhand dieses Buches und der CD untersuchen Sie mit den Kindern, wo Zahlen in „Mathilde, die Mathe-Ratte" überall auftauchen. Was sind Seitenzahlen? Welchen Sinn ergeben die Angaben zu den Tracknummern? Was bedeuten die Zahlen an einer Fernbedienung und einem CD-Player? Welche Nummer auf der CD hat mein Lieblingslied von „Mathilde"?

Spiele

CD 22

Es gibt viele **Spiele** – wie Memory, Domino und Puzzles, sowie einfache Würfel- und Kartenspiele –, bei denen Kinder spielerisch den Umgang mit Zahlen und Formen lernen können. Es gibt aber auch sportpädagogische und Bewegungsspiele (z.B. so genannte Atomspiele), die den Einsatz von Kopf *und* Körper verlangen.

Tipp: In einer abgeänderten Form vom Stopp-Tanz wird zur Musik (z.B. zum Playback von „Mannometer, Millimeter") getanzt. Wer die Musik anhält, ruft eine Zahl, wobei jede Zahl für eine vorab vereinbarte Aktion steht, die die Kinder dann ausführen sollen. Dies könnte beispielsweise sein: „1" = auf einem Bein stehen; „2" = viele Hände schütteln; „3" = Dreiergruppe bilden usw.

Man kann nicht nur Mengen, Längen, Gewichte usw. **messen**, sondern auch – im akustischen Bereich – wie laut oder leise ein Geräusch oder ein Musikstück ist. Hier können Kinder vorsichtig mit dem Volumenregler des CD-Players experimentieren. Auch die Geschwindigkeit eines Musikstückes (das Tempo) kann man objektiv messen. Mit Hilfe eines Metronoms konnen Kinder hören und vergleichen – auch optisch – zwischen langsam und schnell.

Messen

Tipp: Machen Sie die Kinder spielerisch mit einem Metronom vertraut, vergleichen Sie die Markierungen mit denen auf einem Zollstock. Lassen Sie die Kinder ein bekanntes Lied schneller und langsamer singen.

Alle Tracknummern der CD

Liedtitel, **Halbplaybacks** und **Gespräche**

Titel	Volle Version Track-Nr.	Halbplayback Track-Nr.	Gespräche Track-Nr.
Mathilde, die Mathe-Ratte (1:12) Sortieren, Reime	1	32	2
Eins, zwei, Polizei (2:26) Wecker, Uhr, Tagesablauf	3	33	4
Rückwärts zählen (1:32) Rhythmus, Klangkörper	5	34	6
Zwei davon (2:07) Muster, Experiment	7	36	8
Schnecken in den Ecken (2:26) Rätsel, Nummern	9	36	10
Bus Nummer 9 (1:45) Entfernungen, Fahrkarten	11	37	12
Federleicht, tonnenschwer (2:04) Arten, Figuren	13	38	14
Drei weiße Tauben (1:44) Himmelsrichtungen, Mathe weltweit	15	39	16
So zähle ich (2:11) Taktarten, Einzählen, frische Luft	17	40	18
Einmal um den Block (1:57) Adressen, Telefonnummern	19	41	20
Zehn Kerzen (1:45) Würfeln und andere Spiele	21	42	22
Tolles Alter (2:22) Hohes Alter, Abzählreime	23	43	24
Sieben Zwerge (2:27) Rhythmen, Messen	25	44	26
Mannometer, Millimeter! (2:59) Kochen, Tisch decken	27	45	28
Eine Minute (1:00) Spiele, Pausen	29	46	30
Mathilde, die Mathe-Ratte (1:34) (Reprise)	31		

Literatur- und Musiktipps

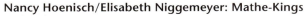

Nancy Hoenisch/Elisabeth Niggemeyer: Mathe-Kings
Verlag das Netz, 2004
Entdeckungsreise in das Land der Mathematik (mit vielen Fotos);
Mathe entdecken beim Anfassen, Sich-Bewegen, beim Schmecken,
Hören, Sehen und Gestalten

Andrea Peter-Koop/Meike Grüßling: Mit Kindern Mathematik erleben
Lernbuchverlag, 2007
Aussagekräftige Fotos und Bilder – entsprechen vielen Themen,
die bei „Mathilde" angesprochen sind

Rebecca Taylor: Mathematik: zählen, ordnen, messen
Cornelsen, 2006
Großes Handbuch für Kindergärten mit praxisnahen
Materialien und vielen Aktivitäten

Beat Umland/Susanne Ott: Ganzheitliche mathematische Frühförderung für Vorschulkinder
Auer, 2006
Ausgearbeitete Praxiseinheiten mit ganzheitlichen Bewegungsspielen

Petra Naumann-Kipper: 3, 2, 1 – viel, wenig, keins
Herder, 2006
Theoretische Betrachtungen, sowie praktische Tipps und Beispiele aus der
mathematischen Frühförderung; Erkennen von Rechenschwächen

Pam Schiller/Lynne Peterson: Kinder erforschen die Mathematik
AOL-Verlag, 2006
Umfangreiches Handbuch für Vor- und Grundschulen,
viele Beispiele mit Alltagsgegenständen

Robert Metcalf/Andreas Röckener: Zahlen, bitte (mit CD)
Terzio, 2005
„Mathemusische" Reise in die Welt der Zahlen 1 bis 12, mit originellen Liedern
und Bildern (die „5" in Fünfviertel-, die „7" im Siebenvierteltakt usw.)

Markus Cslovjecsek, u.a.: Mathe macht Musik (mit CD)
Klett, 2001 und 2004 (zwei Bänder)
Zeigt mit anspruchsvollen und detaillierten Beispielen die Zusammenhänge
zwischen Mathematik und Musik für Grundschulkinder, mit Hörbeispielen

Antje Suhr: Zahlen hüpfen – Buchstaben springen
Don Bosco, 2007
Bewegte Spiele zum Farben- und Formenlernen, zu Zahlen und Buchstaben,
zur Förderung von Konzentration und logischem Denken usw.

Carola Henke (Hrsg.) / Sybille Hein: Ich bin 1 und du bist 2
Fröhliche Zahlengeschichten und Gedichte
Kerle bei Herder, 2006
Geschichten und Gedichte von und mit Zahlen –
Beiträge von Janosch, Grosche u.a.

Workshops, Konzerte, Lesungen

Auf Einladung von Fortbildungsstätten und anderen Institutionen führt Robert Metcalf Workshops im Bereich Spiel- und Bewegungslieder durch. Den Liedermacher kann man ebenfalls live bei Kinderkonzerten erleben.

Workshops und Fortbildungen
Diese sind für alle PädagogInnen geeignet, die mit Kindern in der Altersgruppe 4-8 Jahren arbeiten, z.B. in Grundschulen, Kindergärten oder Turn- und Sportvereinen. Musikalische Vorkenntnisse sind nicht erforderlich, dafür die Lust am Mitsingen und kreativen Erproben.

Spiel- und Bewegungslieder
Lieder machen Freude und bieten darüber hinaus eine spielerische Möglichkeit, Kinder in verschiedenen Bereichen (Sprache, Rhythmik, Körpergefühl, Konzentration, usw.) zu fördern.
In diesen praxisnahen Workshops werden Spiel-, Bewegungs- und Erzähllieder, sowie einfache Tänze und Klatschgeschichten vorgestellt, gemeinsam erprobt und umgesetzt.

Spezielle Themenschwerpunkte
Viele Themen werden lebendiger und zugänglicher für Kinder, wenn Lied und Bewegung als didaktische Mittel eingesetzt werden. Beispiele für Workshops mit speziellen Schwerpunkten sind:
Zahlenzauber – „mathemusisches" Eintauchen in die Welt der Zahlen
Mathilde, die Mathe-Ratte – mit Liedern und Anregungen aus diesem Buch
Here we go! – Lieder für Frühenglisch von einem Native Speaker

Kinderkonzerte und musikalische Lesungen
Der Liedermacher Robert Metcalf spielt auf großen und kleinen Bühnen für Kinder ab 4 Jahren. Als Solist, im Duo oder mit Band bietet er Programme zum Mitmachen und Mitsingen. In Bibliotheken, Buchhandlungen, Klassenzimmern und Kindergärten bietet er musikalische Lesungen für kleinere Gruppen an.

Liederbücher und CDs
Bücher und Tonträger von Robert Metcalf sind im Handel erhältlich. Der Internetshop DER LIEDERLADEN hat alle Produkte des Liedermachers auf Lager: www.der-liederladen.com, Tel.: 030-747 647 46

Kontakt:
Büro Robert Metcalf, Tel.: 030-434 079 10
E-Mail: info@robertmetcalf.de
Internet: www.robertmetcalf.de

Robert Metcalf

Der gebürtige Engländer Robert Metcalf ist Liedermacher und Singer/Songwriter.
Er wurde 1947 in Birmingham geboren, ist dort aufgewachsen und kam 1973 nach Deutschland. In Berlin arbeitete er mehrere Jahre als Sozialpädagoge, bevor er 1990 freiberuflicher Komponist und Textdichter wurde. Sein musikalischer Schwerpunkt liegt im Kinderbereich.
Der „Mann mit der Melone" hat mittlerweile viele CDs und Liederbücher veröffentlicht und war häufig im Kinderkanal („Sendung mit dem Elefanten", „MusikBoxx", „Teletubbies") zu sehen.
Er ist verheiratet und hat zwei Kinder.
www.robertmetcalf.de

Franziska Harvey

Franziska Harvey wurde 1968 in Frankfurt am Main geboren. Nach ihrem Studium der Illustration und Kalligrafie an der Fachhochschule Wiesbaden begann sie als freiberufliche Illustratorin für verschiedene Agenturen und Verlage zu arbeiten. Mittlerweile illustriert sie viele, viele Kinder- und Jugendbücher. Franziska Harvey lebt mit ihrem Mann, ihren drei Kindern, Hund und Katz, aber ohne Ratte :) in Frankfurt.

Danke

Ein herzlicher Dank gilt folgenden Personen, die mich auf unterschiedliche Weise bei der Entstehung dieses Buches unterstützt haben: dem Lerntherapeuten und Mathe-Lehrer Berthold Schneiderheinze („Was hat Krabbeln mit Mathe zu tun?"); dem Dipl.-Pädagogen André Dupuis („Wiederholen, wiederholen, und noch mal wiederholen!"); der Familientherapeutin Ellen Metcalf („Weniger ist meistens mehr"); den Berliner Erzieherinnen Gabriele Arndt, Sabine Blumentritt, Katarina Dabrowski, Jana Kötschau, Sylvia Mascher, Stephanie Motzberger, Steffi Schwarz und Andrea Weise, die mit ihren Kindern die Praxistauglichkeit der Lieder erprobten.
Ein besonderer Dank geht an Dr. Karsten Nubel für die gemeinsame Produktion und Jutta Weidemeyer vom Sauerländer Verlag für die gelungene Zusammenarbeit bei diesem Projekt.

Robert Metcalf

Mitwirkende bei der CD:

Musiker:
Antje von der Ahe — Gesang, Sprecherin (Mathilde)
Robert Metcalf — Gesang, Gitarre, Kazoo, Melodika, Sprecher

Oliver Meyer-Krahmer — Alt- und Tenorsaxophon
Karsten Nubel — Percussion, Keyboard, Editing
Dieter Sajok — E- und Kontrabass, Mandoline, E-Gitarre

Text und Musik: Robert Metcalf
Aufnahmen und Mischung: Karsten Nubel im NewBel Studio, Berlin
Arrangement und Produktion: Karsten Nubel und Robert Metcalf

Bibliografische Information der Deutschen Nationalbibliothek
Die Deutsche Nationalbibliothek verzeichnet diese Publikation in der Deutschen Nationalbibliografie; detaillierte bibliografische Daten sind im Internet über http://dnb.d-nb.de abrufbar.

© 2008 Patmos Verlag GmbH & Co. KG
Sauerländer, Düsseldorf
Alle Rechte vorbehalten
Covergestaltung: h. o. pinxit, Basel
unter Verwendung von Illustrationen von Franziska Harvey
Printed in Poland
ISBN 978-3-7941-7638-0
www.sauerlaender.de